Hilaire Mbakop

Les faces de la vie

poésie

Éditions Dédicaces

LES FACES DE LA VIE, par HILAIRE MBAKOP

DU MÊME AUTEUR:

- Das Hexagon und seine Mittäter II, pièce de théâtre, 2014.
- Das Hexagon und seine Mittäter I, pièce de théâtre, 2011.
- Les étrangers noirs africains, roman, 2011.
- Das zerstörte Dorf, pièce de théâtre, 2010.
- Holzfeuermärchen, recueil de contes, 2010.
- La mort d'un handicapé, roman, 2010.
- Mon enfance et ma jeunesse, autobiographie, 2010.
- Mambés Heimat: Ein Streifzug durch den Alltag Kameruns, roman, 2007.

ÉDITIONS DÉDICACES INC.
675, rue Frédéric Chopin
Montréal (Québec) H1L 6S9
Canada

www.dedicaces.ca | www.dedicaces.info
Courriel : info@dedicaces.ca

Hilaire Mbakop

Les faces de la vie

À Kyra Holland

Regards

Par une matinée ensoleillée, je sortis de la maison
Pour aller acheter du pain. C'était la sèche saison,
Le chemin était poussiéreux. Dans la main droite,
J'avais deux pièces de monnaie. Au coin, je pris à droite.

Quand j'arrivai à la boulangerie cinq minutes plus tard,
Je fus servi par une dame qui portait sur la tête un foulard.
Elle emballa mon pain dans une feuille de journal.
Contrairement aux boulangers, je n'étais pas matinal.

Je pris le chemin du retour. À quatre mètres de chez moi,
Je rencontrai une belle fille. Son regard croisa le mien.
Sa beauté exerça un ascendant ineffable sur moi.

À hauteur de mon domicile, je me retournai en direction d'elle
Et la vis se retourner, me regarder et poursuivre son chemin.
Je n'eus le courage de l'appeler. J'entrai, m'imaginant près d'elle.

L'extinction

C'était une famille de quatre personnes.
Elle vivait dans un village de la savane.
Elle cultivait les tubercules, les céréales et le café,
Mais ne prenait jamais du café au petit-déjeuner.

Le père était quinquagénaire, la mère quadragénaire.
La fille était adolescente, son frère cadet avait cinq ans.
Un jour, l'aînée alla en ville avec ses affaires
Et partit peu après épouser un garçon du Soudan.

Comme il y avait beaucoup de souris dans la maison,
Le père saupoudra un morceau de poisson du poison
Et le cacha dans un coin. Le dernier-né en jouant
Le découvrit et le mangea. Il mourut après quelque temps.

Un an plus tard, le père fut emporté par le palu.
Sa femme l'avait à peine enterré quand on l'informa
Que leur fille au Soudan avait aussi disparu.
Poussée par le désespoir, la pauvre veuve se suicida.

Séparation

Je me souviens du jour où j'avais fait ta connaissance.
C'était à une source, j'étais nouveau dans le quartier.
C'était la saison sèche, l'eau ne coulait pas en abondance.
Le point d'eau se trouvait à l'ombre d'un grand manguier.
Je te chargeai de ton récipient et pris mon seau par l'anse.
Sur le chemin du retour, nous dîmes ce que je ne peux oublier.

Sept mois plus tard, notre mariage eut lieu.
Tu fis la promesse de m'aimer jusqu'à la mort,
À savoir devant l'ecclésiastique, les nôtres et Dieu.
Nous nous passâmes au doigt deux bagues en or.
On mangea et dansa, car on était tous joyeux.
On mangea dur riz à la sauce tomate et du rôti de porc.

Mais douze ans après, tu m'as dit que tout est fini entre nous,
Que tu ne veux plus vivre avec le pauvre que je suis.
Depuis quatre mois, tu loges chez ta mère, et tu as rendez-vous
Tous les après-midi avec l'homme dont la richesse te séduit.
Tu m'as abandonné avec cinq enfants, ils ont tous la toux,
Le benjamin pleure durant des heures chaque nuit.

Le jour du mariage

Les mariés avançaient vers Monsieur le maire
Lorsque la mariée fut frappée d'apoplexie.
Le marié et les invités crurent à une crise d'épilepsie
Quand ils virent la jeune femme tomber par terre.

Dépassé, le jeune homme entonna une prière.
Une demoiselle d'honneur faisait de l'anorexie.
Dans son enfance, elle fut atteinte de dyslexie.
Les gens dans la mairie disaient le Notre Père

Quand un coup de tonnerre éclata au-dehors.
L'esprit de la mariée s'était envolé au royaume des morts
Où il allait demeurer bien sûr éternellement.

Le cortège suivit le break portant son corps à l'hôpital.
Ils étaient à son mariage et assistèrent à son décès brutal.
C'est une semaine plus tard qu'eut lieu son enterrement.

L'abandon

Quand tu épousas ma mère,
J'avais seulement quatre ans.
Tu lui disais souvent que tu l'aimais si fort
Que tu me traiteras toujours comme ton enfant.
C'est toi qui m'inscrivis à une école privée.
En rentrant du travail, tu m'apportais le bonbon.
Tous les vendredis, maman recevait de toi un cadeau.
Avec elle et moi, tu étais toujours bon.

Après douze mois de mariage, votre fille aînée naquit.
Après vinrent un garçon et un bébé de sexe féminin
Qui a eu deux ans ce jour. Avec le même amour,
Tu t'occupais de ces enfants et de moi. Le matin,
Nous prenions notre petit-déjeuner en famille. Parfois,
Nous allions nous promener dans le parc
Au bout de la ville. Quand l'occasion se présentait,
Nous contemplions la lune qui était souvent en forme d'arc.

Il y a cinq mois, ma mère a eu un accident mortel.
Sept jours après, tu m'as dit que mon père est inconnu
Et que tu ne veux plus t'occuper de moi. Jusque-là,
Je n'avais jamais imaginé que tu pusses me jeter à la rue.
Pourtant tu es passé à l'acte. Je suis malheureux.
Quand je pense à maman et ton dernier mot, je fonds en pleurs.
Mes frères utérins bénéficient de ton éducation
Tandis que je suis sans abri, et la vie me fait peur.

Le crash

Par une matinée, un gros avion de ligne
S'écrasa sur le sol en zone marécageuse,
Dans la forêt équatoriale. C'était la saison orageuse.
L'homme à la tour de contrôle n'avait plus eu de signe
Une minute après le départ. Il aurait donné la consigne
Au pilote de décoller après que l'orage se sera calmé.
Ce dernier aurait répondu qu'il était chevronné.

L'aéroport de départ n'était pas équipé de radar.
Il se trouvait en plein milieu d'une ville côtière,
Dans un pays où beaucoup vivaient dans la misère.
Dans cette ville-là, il y avait un millier de bars
Et un million de buveurs. Sur la plage, on vendait le bar.
On avait annoncé qu'un avion avec à son bord cent
Âmes était tombé et qu'on ignorait le lieu d'écrasement.

Des motocyclistes volontaires prirent une direction,
Mais ce fut la fausse. Ils cherchèrent deux jours en vain.
Le troisième jour, un chasseur tenant une lance en main
Marchait dans la forêt quand il vit une carcasse d'avion.
Informés, les paysans se rendirent en hâte là où l'avion
S'était crashé et volèrent des objets. La Croix-Rouge
Vint trois heures après et tira les corps du marécage.

L'homme et les maisons

Il était une fois un homme
Qui vivait avec sa famille en ville.
Un jour, son enfant tomba malade
Et il l'amena le même jour à l'hôpital.

Le lendemain, il revint à la maison
Avec l'ordonnance dans son blouson
Pour prendre l'argent et constata qu'on
Avait marqué son habitation d'une croix.

Il acheta le remède à la pharmacie
Et retourna au centre hospitalier en taxi.
Malheureusement, son enfant passa de vie
À trépas seulement deux jours plus tard.

Il transporta le cadavre là où il logeait.
Lorsqu'il arriva là-bas, il constata qu'on avait
Démoli sa maison. Il demanda au voisin qui vivait
Seul dans un appartement s'il pouvait l'aider.

Ce dernier acquiesça et on déposa le corps
Chez lui. C'est aussi là qu'on veilla le mort.
En fin d'après-midi, on l'inhuma au bord
D'un étang, dans un village assez éloigné.

Cinq jours après l'enterrement, le père du défunt
Retourna en ville et vit à sa surprise qu'un
Incendie avait détruit le logement du voisin.
À sa femme qui était non-voyante, il proposa

Qu'ils partissent s'installer tous les deux
À la campagne. Elle lui dit qu'il vaudrait mieux
Qu'ils allassent loger chez son frère dont le lieu
D'habitation se trouvait à quarante-sept

Minutes de là, il accepta. L'homme accueillit bientôt
Le couple chez soi. Il faisait des petits boulots.
Il s'entendait avec ses hôtes, mais sa maison fut bientôt
Détruite par l'ouragan. Ils retournèrent vivre aux champs.

L'accident de voiture

Il était parti à l'étranger faire des études.
Après des années de dur labeur, il obtint
Un doctorat en médecine. À sa famille,
Il téléphona la bonne nouvelle et la prévint

De la date à laquelle il allait retourner
Dans son pays natal. Quand le jour J arriva,
Ses parents et son frère prirent leur petit-déjeuner
Et se rendirent à l'aéroport où l'avion se posa

À l'heure fixée. Ils lui souhaitèrent la bienvenue.
Ils montèrent tous dans le taxi. Au niveau d'un tournant,
Le véhicule sortit de la chaussée et culbuta sur un talus.
Le revenant mourut. Les autres survécurent à l'accident.

Le disparu

Ça fait aujourd'hui dix ans jour pour jour que
Notre enfant unique est porté disparu. Il avait huit ans
Lorsqu'il partit. Nous avions fait passer l'annonce dans
Les médias, nous étions allés chez les membres de
Famille et chez les amis. Après trois années
De recherches, nous cessâmes de nous battre pour lui.
Nous ne savons pas pourquoi il nous a quittés.
Nous nous demandons s'il est toujours en vie.

Le vol

Quand je te vis pour la première fois,
Je tombai éperdument amoureux de toi.
Je te déclarai aussitôt ma flamme.
Tu me répondis que tu étais ravie qu'un beau
Garçon s'intéressât à toi. Après, nous prîmes un pot
Dans un bistrot et échangeâmes des adresses.

Dès lors, tu venais chez moi fréquemment.
J'appris à te connaître davantage. Je t'aimais tellement
Que je t'accordai ma confiance. Je t'avais donné la clé
De mon appartement, si bien que tu y entrais
Quand je n'étais pas là. Le dimanche, tu couchais
Chez moi. Après dîner, je te disais un conte de fées.

Mais tu arrivas chez moi un matin où j'étais sorti
Et vidas mon appartement de ses meubles. Puis,
Tu posas la clé sur le seuil et partis avec mes biens.
Quand je vins du travail, je vis la maison vide, courus
À ton domicile où ton voisin m'informa que tu
Étais partie sans laisser d'adresse. Il avait l'air bien.

Un an plus tard, je te rencontrai par hasard
À un marché. Sur la tête, tu avais un foulard
Que je t'avais offert. Je dis aux yeux de tous
Que tu avais volé tous les objets dans mon habitation
À l'époque mémorable où j'avais une relation
Amoureuse avec toi. Tu me traitas de menteur et de fou.

La perte

Par un après-midi ensoleillé,
Je sortis de la maison
Pour me promener dans la cité.
Mon voisin était au balcon.

J'allais d'une rue à l'autre
Et croisai beaucoup d'inconnus.
Des véhicules de différentes marques
Passaient devant les maisons aux murs nus.

Bientôt, la fatigue me gagna.
Je pris une tasse de café noir
Et un sandwich dans une cafétéria
Qui se remplissait le soir.

Lorsque je retournai chez moi,
Je constatai que je n'avais
Pas le trousseau de clés sur moi.
Je ne vis pas aussi le porte-monnaie.

Je repartis à l'établissement
Où un jeune homme m'avait servi.
Il me dit qu'il n'avait malheureusement
Pas vu de clés là où je m'étais assis.

L'adieu

Je t'avais croisée un samedi matin.
C'était pendant les grandes vacances.
Tu tenais un sac de courses en main.
Nos regards se rencontrèrent. Quelle chance!

Ta beauté me saisit. Tu avais de beaux yeux,
Un nez épaté et des lèvres charnues,
Des oreilles bien placées et de beaux cheveux.
La plus belle fille que j'eusse jamais vue.

Mon cœur se mit à palpiter, j'étais en joie.
Pourtant, je passai à côté de toi sans parler.
Des oiseaux laissaient éclater des cris de joie
Dans un ciel dégagé et dans un goyavier.

Peu après, je m'arrêtai et me retournai.
Vue de dos, tu étais pareillement balancée.
Ton bassin était large, tes fesses bougeaient
Au rythme de ta démarche chaloupée.

Je courus après toi en te sifflant,
Je ne voulais pas laisser passer cette occasion.
Je t'abordai. Ta voix était suave, ton sourire craquant.
Je me liai à toi. Nous nous aimions avec passion.

Mais notre lien ne dura que quinze jours.
Un soir, tu me dis à ma grande surprise
Que tu partais dans vingt minutes et pour toujours.
Je ne sus quoi dire. Avant de partir, tu me fis une bise.

Le retour

Il partit à l'étranger pour faire la recherche.
Il laissa sa petite amie au pays natal.
Les deux correspondaient par courrier électronique.
Elle lui disait que si elle était un rossignol,
Elle s'envolerait pour aller le rejoindre,
Qu'elle lui restait fidèle, que leur amour était éternel.

De son côté, il écrivait dans ses courriels qu'elle était
Tout ce qu'il avait de plus cher, qu'il mourait d'envie
De la voir et de l'étreindre, qu'il souffrait
De la solitude et qu'il rêvait d'elle toutes les nuits.
Quand la fin du mois arrivait, il lui envoyait
De l'argent et achetait des livres et des habits.

Poussé par la nostalgie de sa bien-aimée,
Il s'en retourna dans son pays après quatorze mois.
Il était supposé passer un an et demi à l'étranger.
Quand il revint, elle était enceinte de six mois.
Lorsqu'il la vit, il la regarda d'un air très étonné
Et lui dit en face qu'elle avait trahi tous ses espoirs.

Le choix

Papa, maman, je vous ai montré la photo
De la fille avec qui je sors depuis un mois.
Vous l'avez arrachée et déchirée devant moi
Et avez jeté les morceaux dans un seau d'eau.
Puis, vous m'avez dit que vous la connaissez,
Qu'elle est une voleuse, qu'elle a fait de la prison,
Qu'elle est une femme légère, que vous connaissez
Cinq hommes avec qui elle a des relations.

Vous avez dit qu'elle était atteinte de folie
Et qu'elle n'est pas bien guérie, qu'elle est laide,
Qu'elle m'a séduit grâce à une opération magique,
Qu'elle est sale et a souvent des crises d'épilepsie.
Vous avez dit que je ne remette plus jamais
Les pieds chez vous si je ne mets pas fin
À ma relation avec elle, que mon choix est mauvais
Et que j'ai intérêt à prendre le bon chemin.

Vous m'avez dit que si je souhaite avoir
Une amie qui est bien bâtie et équilibrée,
Vous me présenterez une fille âgée
De dix-huit ans que vous allez souvent voir.
Avant de m'en aller, j'ai dit que je ne peux pas
Rompre avec ma dulcinée, que je l'aime beaucoup,
Qu'elle m'adore, que sa famille ne me hait pas.
Si vous changez d'avis, je passerai chez vous.

Les noces d'argent

Le jour de leurs vingt-cinq ans de mariage,
Ils restèrent au lit parce qu'ils se portaient mal.
Il souffrait du palu, elle de la fièvre jaune.
Faute d'argent, ils n'étaient pas allés à l'hôpital.

Quinze ans après le mariage, il fut frappé de cécité.
Avant, il travaillait comme chauffeur de taxi.
À cette époque-là, il se sentait en sécurité.
Mais maintenant, sa vie était pleine de soucis.

Sa femme était inapte à la reproduction.
Il avait eu un enfant adultérin
Qui était mort dans un accident de circulation
Avec sa mère un lundi. C'était encore un bambin.

La chute

Un matin, il se réveilla, porta les sandalettes,
Prit la brosse à dents, mit le dentifrice dessus,
Alla au salon, puisa de l'eau dans un verre
Et ouvrit la porte de derrière. Il était torse nu.

Dès qu'il mit le pied sur la marche de l'escalier,
Il glissa et fit une chute d'un mètre. «Aïe!»,
S'entendit-il crier de douleur. Cet escalier
N'avait pas de rampe et était mouillé par la pluie.

Il était tombé à la renverse, il pesait cent kilos.
La brosse et le verre lui avaient échappé des mains.
Le sol sur lequel il était couché était trempé d'eau,
La boue avait sali son pantalon, son dos et ses mains.

Il passa deux minutes sur le sol, puis se remit debout.
Comme par miracle, sa tête n'avait pas heurté le sol.
Il avait mal au dos, aux bras, aux épaules et au cou.
Il prit une douche, s'habilla et se rendit à l'hôpital.

Le rêve d'un pauvre

Si j'étais riche,
Je m'achèterais une voiture,
Je construirais une maison,
Avec barrière, piscine et gazon.

Si j'étais nanti,
Je mangerais des plats exquis,
Je porterais des habits somptueux,
Je serais un homme heureux.

Si j'étais fortuné,
J'irais tous les ans en congé,
Je ferais des voyages en mer,
J'irais au bord de la mer.

Si j'étais rupin,
J'ouvrirais un grand magasin,
Une librairie, un orphelinat,
Une boîte de nuit et un cinéma.

Le malchanceux

J'ai décidé de ne plus me remarier,
Car chaque fois que j'épouse une femme,
Elle meurt et je passe des mois à pleurer.
J'ai même fait une tentative de suicide
Quand Dieu a rappelé ma dernière femme à lui.
Je me suis marié quatre fois en deux ans.
J'ai trente ans, mais je préfère rester seul
Jusqu'à la mort, j'ai peur des enterrements.
Il y a des jours où je parle tout seul.
Je me demande pourquoi je suis malchanceux.

La ménagère

Je me lève à six heures du matin,
Je vais acheter du pain aux raisins,
Je reviens préparer le petit-déjeuner,
Je lave mon enfant qui est un écolier,
Et je prends le repas avec son père et lui.
Quand les deux s'en vont, je fais le lit.

Après, je lave le sol, le linge et la vaisselle,
Je balaye la cour et vide la poubelle
Dans la benne. J'établis une liste d'achats,
Je vais faire des courses et prépare le repas.
Je défripe le linge sec avec un fer chaud,
Cire les chaussures et pars acheter de l'eau.

Quand je viens de la fontaine, je tire l'eau dans
Le trou profond et la verse dans des récipients
Que je porte à la cuisine, je range la maison,
Je me lave, je fredonne des chansons au salon.
Lorsque mon mari et mon fils sont de retour,
Je lave ce dernier et mets le couvert.

Après avoir mangé, nous faisons un somme.
Quand on se lève, mon mari me tend la somme
Nécessaire à la ration du jour suivant, je fais
Faire ses devoirs à mon enfant et mets
La radio ou la télé. Après dîner, on débranche
L'appareil, on éteint les lumières et on se couche.

Souvenir et espoir

Quand j'étais au second cycle du secondaire,
J'étais tombé amoureux d'une belle fille.
J'étais élève de première, elle élève de troisième.
Nous ne tardâmes pas à nouer une idylle.

Ma relation avec elle ne dura qu'un an,
Car un jour, ses parents accordèrent sa main
À un homme travaillant dans l'Administration.
Je n'étais pas allé à la noce, j'avais du chagrin.

Ça fait vingt ans qu'elle vit avec son mari.
Entre-temps, j'ai eu une autre petite amie
Que j'ai laissée tomber après deux mois et demi,
J'ai épousé une femme que j'ai quittée une nuit.

Avec la fille du lycée, j'étais pleinement heureux.
Elle avait en elle quelque chose que les deux
Autres n'avaient pas. Aujourd'hui, je suis désireux
D'en trouver une comme elle. Je m'en remets à Dieu.

La savane

Dans cette région, il y a une chaîne de collines.
Sur leurs pentes douces, on trouve des herbes,
Des arbustes et des palmiers à huile espacés.
D'autres arbres et des bambous occupent les vallées.

De temps à autre, on entend des cris des perdrix.
Sur des hautes herbes, les moineaux ont fait des nids.
Devant ces abris, ils battent des ailes en gazouillant,
Ils volent d'une tige à l'autre, ils sont très contents.

La fourmi, le campagnol, la perdrix et le hérisson
Ont des pistes dans l'herbe, chasseurs et vignerons
Utilisent des sentiers, l'air passe entre les végétaux,
À travers les vallées serpentent les cours d'eau.

Il fait beau, ce site offre plusieurs couleurs et odeurs,
Ça procure de la joie, c'est l'œuvre du Créateur.

Première pluie

C'est l'après-midi, il fait beau temps.
Bientôt, le ciel se couvre de nuages,
On ne voit plus le soleil éclatant.
Le ciel devient gris, le vent se lève,

La foudre produit des éclats subits
Et passagers de lumière accompagnés
De tonnerre, les oiseaux vont dans les nids,
Les chèvres bêlent là où elles sont attachées.

Quelques gouttes de pluie tombent d'abord.
Elles se mêlent à la terre et ça sent bon.
Les gens s'abritent, il commence à pleuvoir fort.
Les paysans sont contents de la nouvelle saison.

Après une période de sécheresse de cinq mois,
Le sol et les végétaux assoiffés boivent l'eau
En grande quantité, les termites sont en joie,
Ils voltigent, mais donnent l'appétit aux oiseaux.

Quand l'averse s'arrête, l'eau continue
De ruisseler, entraînant les bouts de papier
Et les brindilles. On revoit les gens dans la rue.
Le ciel s'éclaircit, le soleil recommence à briller.

Le rendez-vous

Un jour, je rendis visite à une amie.
Comme je voulais l'inviter au théâtre,
J'avais pris avec moi le programme.
Quand je lui en parlai, elle en fut ravie.

Ensemble, nous consultâmes le prospectus.
Le programme s'étalait sur trois mois,
Nous n'eûmes que l'embarras de choix.
Nous arrêtâmes notre choix sur *Britannicus*.

Nous convînmes de nous trouver devant
L'édifice où la pièce allait être représentée.
Je passai donc au point de vente pour louer
Deux places de théâtre, j'étais très content.

Bientôt, le jour de la représentation vint.
J'attendis dehors avec en main les billets.
J'entrai dans la salle un quart d'heures après
Le début du spectacle, le visage non serein.

Pendant la pause intermédiaire, je bus chaud.
Quand chacun reprit sa place, je vis que tous
Les sièges à l'exception de celui qui était tout
Près de moi étaient occupés. On éteignit à nouveau.

L'inondation

Depuis quelques heures, il pleut à torrents.
Les cours d'eau sont sortis de leurs lits,
L'eau coule à flots dans les bâtiments,
On retire les malades de leurs lits.

Le temps passe, le niveau des eaux monte.
Les gens voient leurs biens se mouiller,
Ils ont le visage inondé de larmes,
Ils se demandent quand la pluie va cesser.

Mon champ

Mon champ est sur la pente d'une colline.
Il est vaste et comprend deux parties.
Dans l'une, je cultive les plantes céréalières,
Dans l'autre les plantes qui portent des fruits.

J'utilise la machette pour débroussailler,
La houe pour labourer le champ.
Quand les oiseaux viennent dans le verger
Et rongent des fruits mûrs, ils sont contents.

En outre, les campagnols et les hérissons
Visitent mon champ pendant les moissons.
J'améliore la terre par l'apport de l'engrais.
Je conserve les céréales et vends les fruits frais.

La sécheresse

Cette période-là fut un vrai cauchemar.
Les paysans mirent les graines en terre
Dès la première averse orageuse.
Ils étaient donc contents au départ.

Après, les choses tournèrent autrement.
Cinq mois s'écoulèrent sans qu'il eût plu.
Les gens regardaient le firmament fixement,
Les faiseurs de pluie marchaient pieds nus.

La sécheresse prolongée tarit les cours d'eau,
Dessécha le sol et beaucoup de végétaux.
Les animaux et la plupart des êtres humains
Souffrirent de la soif et de la faim.

L'ouragan

Les gens entendent le vent mugir.
Il emporte des toits et des chapeaux,
Empêche les trains et les avions de partir,
Renverse des arbres et des poteaux.

L'analphabète

Il ne sait lire ni écrire,
On ne peut lui offrir un livre.
Quand il veut envoyer une missive,
Il la fait écrire par un élève.

Il aime écouter la radio,
Mais évite les kiosques à journaux.
Il aime aussi regarder la télé,
Mais déteste les films sous-titrés.

Le dernier poussin

Une poule marron pondit treize œufs
Dans un creux sur le sol poussiéreux
D'une hutte entourée de haie de troènes
Et les couva pendant trois semaines.

Peu après que tous les œufs furent éclos,
La peste aviaire emporta douze poussins.
Non loin de la hutte coulait un ruisseau
Où son habitant se lavait tous les matins.

Un jour, la poule et le seul petit restant
Étaient en train de picorer des vers de terre
Quand un aigle descendit soudainement
Et s'envola avec le poussin dans ses serres.

La poule, décontenancée, poussa des plaintes.
Elle ne se calma qu'après vingt minutes.

La Terre

Elle est habitée par les hommes et les animaux.
C'est aussi un endroit où vivent les végétaux.
La plus petite partie de sa superficie est solide,
La plus grande est couverte par un liquide.

On y trouve des plaines et des terrains élevés,
Des cailloux ainsi que des richesses minières.
On y rencontre des mollusques et des vertébrés,
Des champignons, des herbes et des arbres.

C'est une planète qui tourne autour du soleil.
Il y a des nuits où elle reçoit le clair de lune.
Dans la journée, elle reçoit la lumière du soleil.
Certains animaux sont nocturnes, d'autres diurnes.

Certaines régions sont arides, d'autres pluvieuses.
Certaines contrées sont stériles, d'autres plantureuses.
Tantôt la mer est calme, tantôt animée de mouvements.
La terre tremble souvent. Des fois, il y a éboulement.

L'environnement

L'homme pollue et détruit l'environnement.
Les combustibles fossiles qu'il consomme
Émettent des gaz accélérant le réchauffement
De l'atmosphère terrestre. La conséquence
De ce réchauffement est le changement du climat.
La désertification, la déforestation
Et le feu de brousse influent aussi sur le climat.
Les eaux et le sol sont frappés par la pollution.
Des déchets toxiques sont souvent déversés
Dans la nature et dans les cours d'eau.
Les nappes de pétrole des pétroliers accidentés
Menacent la vie des végétaux et des animaux.

Le temps

Le temps est quelque chose d'irréversible.
Il passe, bien qu'il ne soit pas visible.
Les secondes, les minutes et les heures,
Les matins, les après-midi et les soirées,
Les jours, les semaines, les mois et les années
Ainsi que les siècles et les millénaires
Se succèdent dans le temps.
Il en est de même pour les événements.
Chaque homme, animal et végétal
Vit pendant une époque et disparaît.
Le temps use la machine, la couleur des objets,
Le relief du sol, le bois, le fer et le minéral.

Parfois, on a le temps, parfois on ne l'a pas.
Souvent on va vite, souvent on ralentit le pas.
On se dépêche pour faire certaines choses
Et ajourne d'autres choses à plus tard.
On arrive avant l'heure, à l'heure ou en retard.
Il y a des entreprises que l'on réalise
Et d'autres qui tombent à l'eau.
On a souvent besoin d'un temps de repos.
On doit manger chaque fois qu'on a faim.
Les vieux ont de l'expérience, mais pas de force.
L'homme, l'animal, le végétal et le métal passent,
Mais l'Être suprême est sans fin.

L'Homme

Il marche sur la plante des pieds,
Le dos dans la position verticale.
C'est un être qui est doué de parole
Et qui a la faculté de raisonner.

Il a la particularité de rire.
Il peut aimer, mais aussi haïr.
Il est tantôt content, tantôt triste,
Tantôt optimiste, tantôt pessimiste.

Il arrive qu'il raconte un mensonge.
L'erreur lui échappe souvent.
Pendant le sommeil, il songe.
Il peut manifester l'étonnement.

Le sexe masculin et le sexe féminin
Sont les deux sexes du genre humain,
Les Noirs, les Blancs et les Jaunes
Les trois races de l'espèce humaine.

En tant qu'être social, l'Homme
Observe les usages établis.
Il prépare souvent ce qu'il consomme
Et loge dans un lieu où il est à l'abri.

Quand il est malade, il prend des remèdes.
Il produit des œuvres artistiques
Et intellectuelles et fabrique
Des instruments, mais s'en va les mains vides.

Victime de la tempête

Par un après-midi du mois de septembre,
Une femme longeait un chemin bordé d'arbres.
Tout à coup, un vent tempétueux se leva.
La dame, qui était au septième mois, pressa le pas.

Elle ne savait pas où s'abriter du vent
Dont elle entendait les rugissements.
Les oiseaux s'étaient réfugiés dans leurs nids
Et avaient arrêté de pousser des cris.

La femme était déjà à cinq mètres de l'endroit
Qu'elle avait enfin trouvé quand la tempête
Déracina un arbre qui l'entraîna au sol avec soi.

Peu de temps après que le vent se fut apaisé,
L'on vit la victime. Elle était encore en vivante.
Mais elle mourut juste après qu'on l'eut dégagée.

Nuisances sonores

Les nuisances aériennes,
Le bruit de la circulation,
Les coups de marteau du forgeron
Ainsi que ceux du charpentier,
La musique forte des gens du quartier
Et le roulement de tambour
Gênent celui qui n'est pas sourd
Quand il se repose, médite ou lit.

Clair de lune

Il y a un beau clair de lune,
Le ciel est dégagé et piqué d'étoiles.
On voit de loin, c'est la pleine lune.
On n'a pas besoin de la lampe de poche
Pour faire une promenade de nuit,
Car la lumière du firmament éclaire la voie.
La plupart des gens sont déjà au lit.
Quelques grillons chantent dans l'herbe,
Des chiens aboient de temps en temps.
Les arbres font de grandes ombres.
Il fait frais, il n'y a pas le moindre vent.
La clarté de la lune ne chauffe pas.

La fleur

Ce sont les plantes qui produisent les fleurs.
La nature en offre de différentes couleurs.
L'odeur qu'elles répandent est agréable.
Elles sont belles, avec elles, on orne les tables,
Les rebords des fenêtres et même les balcons.
Quand les végétaux sont en pleine floraison,
Leurs fleurs attirent des abeilles
Ainsi que des papillons de différentes tailles.
Quand on offre des fleurs fraîches cueillies
À un être humain, la joie s'empare de lui.
La fleur est belle quand elle est fraîche,
Mais elle perd son éclat quand elle sèche.

Le palmier à huile

Ô palmier à huile, tu es une plante utile!
Quand les noix que tu produis sont mûres,
On extrait de leur partie charnue de l'huile
Pour la cuisson ainsi que pour la friture.

Quand on casse tes noix, on mange leur amande.
Les gaines contenues dans les noyaux
Peuvent aussi être transformées en pommade.
Au lieu du pétrole, on se sert de la peau

Séchée de tes noix pour allumer le feu de bois.
Ta branche morte est un bon bois de chauffage.
L'écorce fraîche de ta branche donne la courroie.

En assemblant les tiges de tes feuilles, on obtient
Un outil qui sert à faire le nettoyage.
La sève qui circule dans ton tronc fournit du vin.

Merci à Dieu

Seigneur, merci pour la lumière du jour.
Nous t'exprimons notre gratitude pour
L'air que nous respirons et le soleil qui luit,
Pour la lune et les étoiles qui brillent la nuit.

Nous te remercions pour les plages,
Pour la mer où nous pêchons des poissons,
Pour les chutes d'eau et les beaux paysages
Ainsi que pour les différentes saisons.

Merci pour la nourriture que produit le sol
Et les richesses que nous tirons du sous-sol,
Merci à toi pour la chair des animaux
Et les chevaux qui nous portent sur leur dos.

Tu nous as doués de parole et d'intelligence,
Donné des dents pour mastiquer les aliments,
Pourvus de quatre membres et de cinq sens.
Pour tout ça, nous t'adressons nos remerciements.

Plainte

Dieu le père, pourquoi es-tu invisible?
Pourquoi n'empêches-tu pas les hommes
De commettre des crimes horribles?
Le monde dans lequel nous sommes
Est un monde plein de souffrances.
Nous ne comprenons pas ton silence
Quand les humains s'entretuent à la guerre.
Nous avons partout sur cette Terre
L'injustice, la méchanceté et l'inégalité.
Que proposes-tu pour les maladies
Qui ne peuvent être guéries par l'humanité?
Pourquoi as-tu prévu une fin pour notre vie?

La saison sèche

Il fait froid pendant la nuit,
Tandis qu'il fait chaud pendant la journée.
Nous n'avons pas de chutes de pluie,
Mais à l'aube, nous voyons la rosée.

La chaleur est accablante entre midi et deux,
C'est bon de se reposer à un endroit ombreux.
La peau et la bouche se dessèchent
Et nous avons envie de l'eau fraîche.

Le soleil tarit la plupart des rivières,
Le feu de brousse dévore les herbes,
Le vent soulève des tourbillons de poussière,
Les feuilles de certains arbres tombent.

La mort

La mort est le terme de la vie.
Qu'on soit pauvre ou nanti,
On est sujet à la mort.
Ainsi en a décidé le sort.
La disparition d'un être humain
Cause du chagrin aux siens.

Oraison funèbre

C'était un homme aimable.
Il ne faisait jamais des cancans
Et avait un caractère humble.
Il aimait beaucoup les enfants.

C'était un bon père de famille.
Il travaillait avec assiduité,
On lui avait décerné une médaille.
Il était d'une parfaite sincérité.

C'était un homme généreux.
Il ne chassait pas sur la terre d'autrui,
Car il avait la crainte de Dieu.
Nous devrions prendre modèle sur lui.

Maintenant, il n'est plus de ce monde.
Sa mort laisse un grand vide.

Le ciel

Le ciel est visible, a la forme de voûte
Et se trouve au-dessus de nos têtes.

Il est immense et bleu clair.
Tantôt il est dégagé, tantôt il est couvert.

La lune et les étoiles y brillent la nuit.
Dans la journée, c'est le soleil qui y luit.

Quand on promène son regard sur l'horizon,
On ne peut se défaire de l'impression

Que le ciel et la Terre s'y sont rencontrés.
Le ciel est la demeure de la Sainte-Trinité.

Fatalité

Je suis une personne d'un âge avancé.
Quand j'étais jeune, je débordais d'énergie,
J'étais resplendissante de beauté et de santé.
Aujourd'hui, je suis décatie et affaiblie:
J'ai perdu de ma vigueur et j'ai la tremblote,
Je vois mal, j'entends mal, j'ai des rides profondes,
Ma mémoire baisse, ma santé est chancelante.
Je sens que je passerai bientôt dans l'autre monde.

Le rêve

Le rêve survient pendant le sommeil.
L'esprit voit des êtres et des choses nouveaux,
Revoit des êtres et des choses familiers.
Êtres et choses défilent, ils sont souvent beaux.
Il y a des rêves qui inspirent la gaieté.
En revanche, d'autres provoquent la peur.

La musique

Les sons de la musique sont perçus par l'ouïe.
Certains morceaux sont agréables à l'oreille,
Tandis que d'autres causent de l'ennui.
La musique est capable de provoquer le réveil
De certains souvenirs, de faire rêvasser.
Elle peut consoler, mettre de bonne humeur,
Mais aussi attrister, faire répandre des pleurs.
Elle fait exécuter des mouvements cadencés.

Le créateur

Il voit devant lui une page blanche
Et s'envole dans l'imaginaire.
Quand il trouve le mot qu'il cherche,
Il l'écrit sur la page et remonte vers
Le domaine où les choses sont emmêlées.
Après avoir fait de nombreux voyages,
Il obtient une suite harmonieuse d'unités
Qui renferme également un message.

L'aube

Il commence à faire jour.
On entend des lève-tôt
Souhaiter le bonjour,
Les coqs et les oiseaux
Saluent le jour qui vient
Avec des chants, ils sont bien disposés.
L'air frais du matin fait du bien.
Sur les feuilles s'est déposée la rosée.

Table des matières